真正的教育在游戏中

让孩子玩出
好习惯和生活技能

[美]苏珊娜·M.温德 著

唐 迪 译

朝華出版社
BLOSSOM PRESS

著作权合同登记号　图字：01-2018-0581号

Lil'Champs Play it SMART:The Playful Way to Learn Social Skills and Manners

Copyright © 2015 by Suzanne M. Wind

Simplified Chinese translation copyright © 2018 by Blossom Press Co.,Ltd.

This translation published by arrangement with Columbine Communications & Publications, Walnut Creek, California USA, through Rightol Media（本书中文简体版权经由Columbine Communications & Publications以及锐拓传媒取得）

Email:copyright@rightol.com

All right reserved

图书在版编目（CIP）数据

让孩子玩出好习惯和生活技能 ／（美）苏珊娜·M.温德著 ；唐迪译. -- 北京 ：朝华出版社，2018.5
（真正的教育在游戏中）
书名原文: Lil' Champs Play it SMART:The Playful Way to Learn Social Skills and Manners
ISBN 978-7-5054-4224-5

Ⅰ. ①让… Ⅱ. ①苏… ②唐… Ⅲ. ①亲子教育
Ⅳ. ①G781

中国版本图书馆CIP数据核字(2018)第019367号

真正的教育在游戏中： 让孩子玩出好习惯和生活技能

作　者	（美）苏珊娜·M.温德
译　者	唐　迪
选题策划	赵　曼
责任编辑	赵　曼
责任印制	张文东　陆竞赢
封面设计	孙艳艳　刘新岭

出版发行　朝华出版社
社　　址　北京市西城区百万庄大街24号　　　邮政编码　100037
订购电话　（010）68413840　68996050
传　　真　（010）88415258（发行部）
联系版权　j-yn@163.com
网　　址　http://zhcb.cipg.org.cn
印　　刷　北京文昌阁彩色印刷有限责任公司
经　　销　全国新华书店
开　　本　710mm×1000mm　1/16　　　字　数　150千字
印　　张　8
版　　次　2018年5月第1版　2018年5月第1次印刷
装　　别　平
书　　号　ISBN 978-7-5054-4224-5
定　　价　42.00元

目录

写给教练们的一封信

（孩子的教练就是你——老师，家长，其他监护人）

亲爱的教练们：

　　从小培养孩子的学习行为和社交技能是至关重要的一步，有助于他们获得自信，形成品格，学会诚信，培养同理心。这本书创作的目的是通过游戏的方式，鼓励孩子完成益智挑战。简单的玩法和参与性强的活动可以通过正确的方式让孩子脱颖而出。任务很简单，完成每一页的游戏，收集游戏券，并且给游戏券涂上颜色。每一次的游戏活动也是我们与孩子讨论行为举止的育儿时机。

- ☑ 找一个舒适的环境，让你和孩子一起参与活动。
- ☑ 孩子应对挑战时，要给予表扬与支持。
- ☑ 每完成一页，孩子可以给游戏券涂色。
- ☑ 完成每一个活动后，和孩子统计他获得的游戏券，给他活动前约定好的奖品。
- ☑ 奖励！书的后面还有一些家庭游戏，可以锻炼孩子的技能。
- ☑ 玩得开心！

➪ 开始游戏吧

教练们（请为小冠军们把游戏目标读出来。）

欢迎来到益智玩家小分队！益智玩家小分队是由小冠军们组成的，他们知道如何通过正确的方式脱颖而出。作为这支小分队中重要的一员，你的任务是绘画、写字和玩游戏，并且通过这些活动学习如何交朋友，获得大人们的尊重，成为一个宽容和体贴的人。准备好了吗？

请记录你总共获得了多少张游戏券！

基础
社交技能

游戏计划1：我有好品格

目标：

学习如何做出正确的选择，以及每天都有礼貌。

教练，请你大声地读出每个句子，然后让孩子在方框里打钩或涂色。

玩家任务：

☐ 对待他人像你希望别人对待你一样。

☐ 对所有人友善和尊重。

☐ 成为一个好玩伴。

☐ 礼貌地给予和接受礼物。

☐ 做一个有风度的玩家。

游戏玩法：

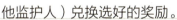

1. 参与挑战。

2. 找到每页的游戏券，当你完成任务后，给游戏券涂色。

3. 如果可以完成每个部分，你就赢了！跟你的教练（老师、父母、其他监护人）兑换选好的奖励。

游戏券目标：_____

游戏奖品：_____

我是一个育礼貌的孩子

准备好乘坐 SMART 巴士了吗？根据字母的顺序，把各个点连接起来，获取你的皇冠。

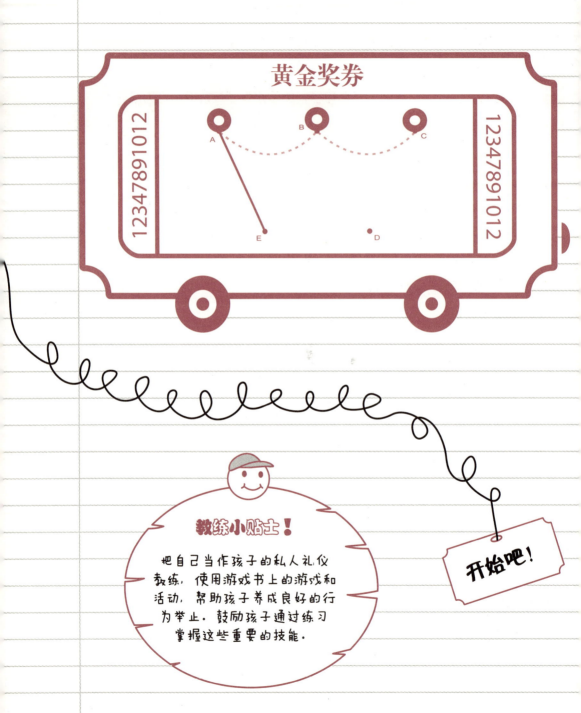

黄金奖券

1234789101 2

1234789101 2

教练小贴士！

把自己当作孩子的私人礼仪教练，使用游戏书上的游戏和活动，帮助孩子养成良好的行为举止。鼓励孩子通过练习掌握这些重要的技能。

开始吧！

社交的黄金法则

对待他人的方式要像你希望别人对待自己的那样。请给黄金奖券涂色，并把它剪下来，挂在房间里，提醒自己。

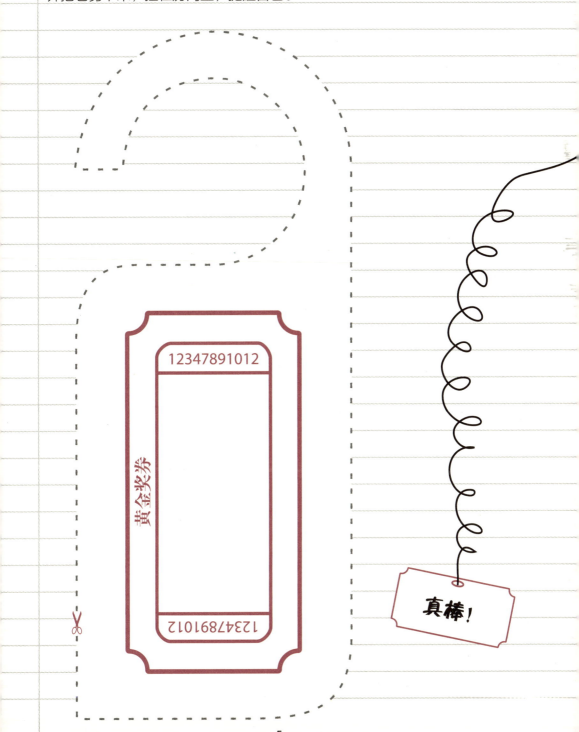

黄金奖券

12347891012

12347891012

真棒！

第一印象

　　第一印象就是别人第一次见到你时对你的看法。你只有一次机会，所以要好好表现！找到自己的方式，给别人留下一个好印象。

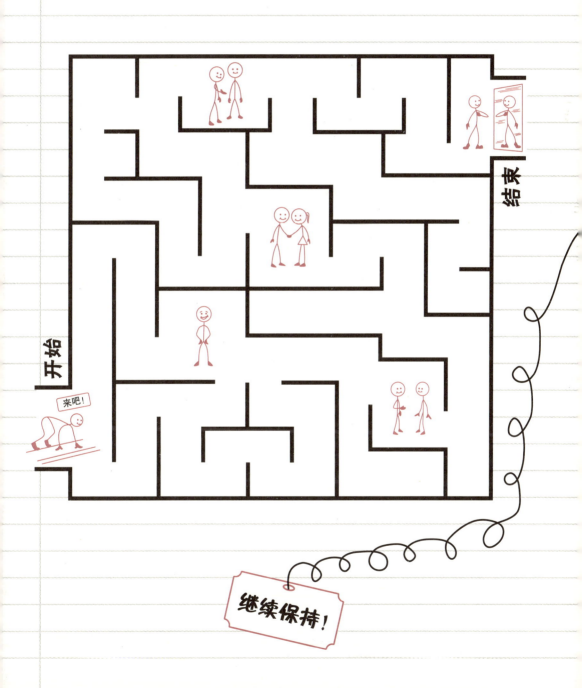

对人要友善

请给这个关键词涂色，并时刻记得要对人友善。

加油！

教练小贴士！

把书翻到第 91 页，玩一个助人为乐的游戏，用有趣的方法鼓励孩子变得善解人意。

打扫卫生比赛

要经常整理你的东西。准备好就开始吧！

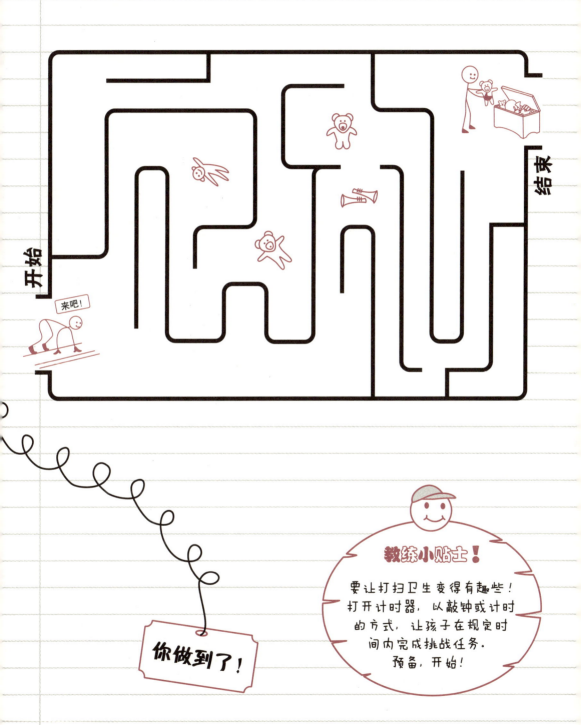

开始

来吧！

结束

你做到了！

教练小贴士！

要让打扫卫生变得有趣些！打开计时器，以敲钟或计时的方式，让孩子在规定时间内完成挑战任务。预备，开始！

抬起头，让别人看到你的眼睛

在向别人问好的时候，你的眼睛要一直注视对方（即使感到有点儿害羞）。与别人进行眼神交流，表示你是<u>友善</u>和<u>正直</u>的。给这双大眼睛涂色，让它们看起来明亮又开心！

太棒了！

教练小贴士！

玩一个著名的"眼神对视挑战"游戏，练习眼神交流。你能把自己的孩子逗乐吗？一边给孩子讲故事，一边注视着他。看看谁讲的故事最有趣，能让对方笑场，直到目光移开。

和别人问好

和别人问好的时候，要带上对方的名字，表示你很在乎。

伟大的握手

站直了，表现得有自信！朝前迈一步，伸出你的手，用力握一下。把你的手描摹在这里：

击掌！

多练习几遍：

1. 站直了，表现得有自信

2. 朝前迈一步

3. 伸出你的手

4. 用力握一下

教练小贴士！

通过练习，鼓励孩子与他人握手！向孩子展示有力的握手与松散无力的握手效果有什么不同。

展现微笑

微笑是强大的工具。大大的微笑可以让你看起来很愉快和自信。你笑得越多，就越开心。你能画一个巨大的笑脸吗？

继续保持！

打电话的智慧

准备给朋友打电话？先介绍一下自己，再有礼貌地请求和朋友交谈，不要忘记使用魔法词语——"谢谢"。请你完成下面的填空。

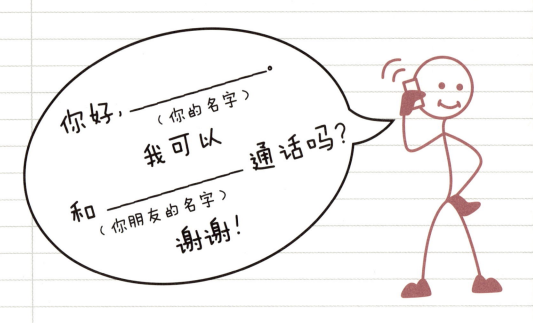

你好，————。
（你的名字）

我可以

和————通话吗？
（你朋友的名字）

谢谢！

我的电话号码是 _____

遇到紧急情况要拨打 110

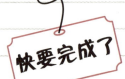

快要完成了

教练小贴士！

帮助你的小冠军做一本重要联系人电话簿。和孩子玩角色扮演，用玩具电话来教他们如何打电话。

约会

做一位称职的主人或客人。主人要让每一个人都感到受欢迎和舒服，客人要尊重主人家的规定。圈出下图中称职的主人或客人。

教练小贴士！

和孩子玩角色扮演，模拟在别人家中会遇到的几个不同场景。通过夸张的表演，把礼貌的行为和不礼貌的行为以有趣的方式呈现出来，并和孩子讨论两者的差别。

哇！

学会写感谢信

写一张便条给对方，让他知道你有多感激他。请你帮忙装饰下面的这张感谢卡。

亲爱的 _____ ，

谢谢你

_____

_____

（你的名字）

我很感动！

收到礼物要表示感激

每当收到礼物时，都要说一些感激的话。请给下图的礼物涂上颜色。

我喜欢良好的运动精神

　　玩的时候要讲公平，有礼貌。良好的运动精神是每一位队友、对手、教练和裁判之间都相互尊重。准备好玩井字棋了吗？无论输赢，游戏结束后请相互握手。

　　井字棋，是一种在 3×3 格子上进行的连珠游戏，游戏需要的工具仅为纸和笔，然后由分别代表 O 和 X 的两个游戏者轮流在格子里留下标记（一般来说先手者为 X），任意三个标记形成一条直线，则为获胜。

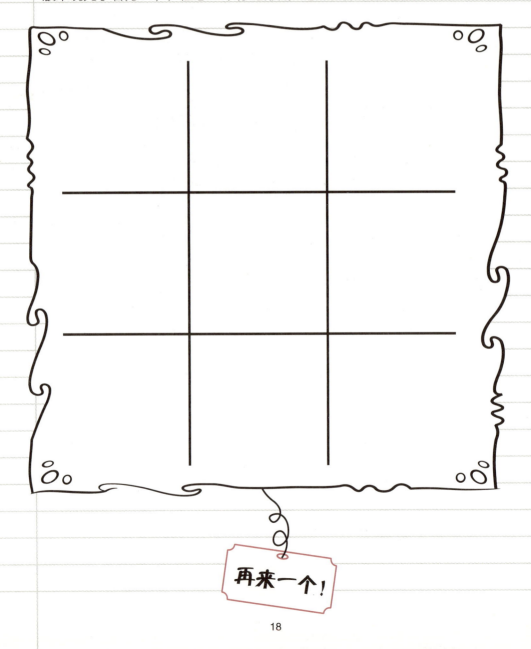

再来一个！

加油！

你是明星选手！沿虚线描线，然后把虚线区域涂上颜色。

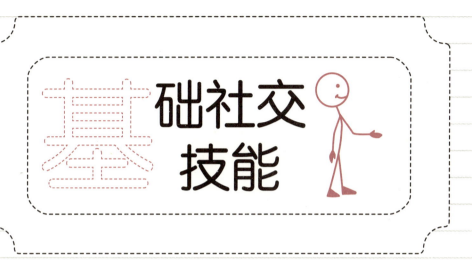

哇！教练，我获得了 _____ 张奖券！

（完成后，统计一下你获得了多少张彩色的奖券。）

玩出你的智慧！

游戏计划 2：我是妈妈的好帮手

目标：

遵守简单的餐桌礼仪，可以让每个人都享受愉快的就餐时光。

教练，请你大声地读出每个句子。然后请孩子在方框里打钩，或涂色。

玩家任务：

☐ 学习帮助布置餐桌

☐ 学会用餐具吃饭

☐ 在餐桌上表现得有礼貌

☐ 和家人享用一顿丰盛的大餐

游戏玩法：

1. 参与挑战。

2. 找到每页的游戏券，完成任务后给游戏券涂色。

3. 如果可以完成每个部分，你就赢了！跟教练（大人）兑换选好的奖励吧。

游戏券目标：＿＿＿＿＿＿＿＿＿＿＿＿＿＿＿＿＿＿＿＿＿

游戏奖品：＿＿＿＿＿＿＿＿＿＿＿＿＿＿＿＿＿＿＿＿＿

我学会了就餐礼仪

餐桌礼仪要常练习，请把下图中好的礼仪行为圈出来！

把餐巾
放在腿上。

使用餐具，
而不是手指。

不要把手肘
放在桌面上。

身体不要
发出噪音。

在餐桌上保持
良好的坐姿。

在餐桌上
不要玩游戏。

开始吧！

教练小贴士！

把书翻到第 89 页，玩一个"礼貌行为猜猜猜"游戏，帮助孩子练习这些技能。

22

餐前准备

吃饭前，要洗手，着装要得体。下图中最先做哪件事？给每件事正确地排序，在下图的圆圈中用数字 1-4 标记。

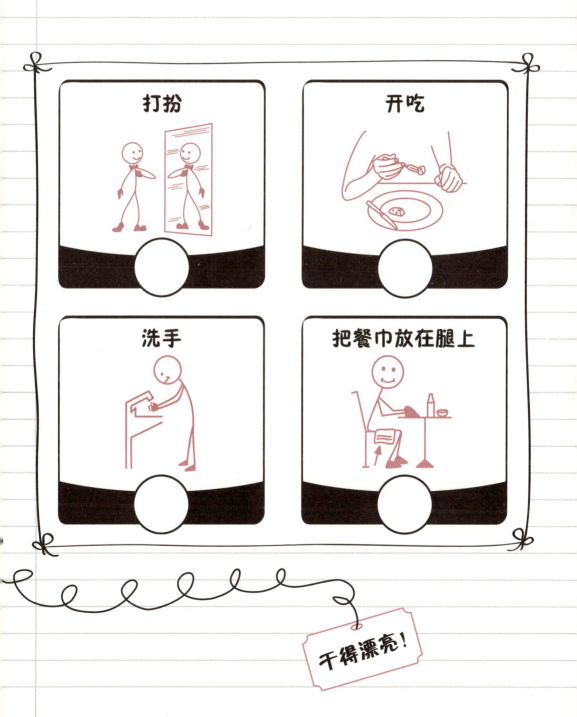

一个关于就餐的智慧故事

找一位大人帮你朗读这个故事。你能找出米亚有几种就餐行为是不礼貌的吗？

小冠军要去好朋友米亚家里吃饭，他很兴奋。晚餐开始了，他们洗手，然后坐下来。<u>米亚用手抓起了意大</u> <u>利面</u>，然后<u>一边吐着嘴里的食物</u>，一边给小冠军 讲故事。<u>她越过她弟弟去拿番茄酱。</u> 然后，<u>她用自己的袖子擦嘴巴。</u> 她从篮子里拿了面包，<u>把嘴巴塞得满满的。</u> 最后她吃完饭，<u>打了一个响亮的饱嗝。</u>

用数字写下·米亚有几处不礼貌的行为：_____

继续坚持！

24

找到你的方法

找到学习礼仪的方法,加入懂礼貌小分队吧!

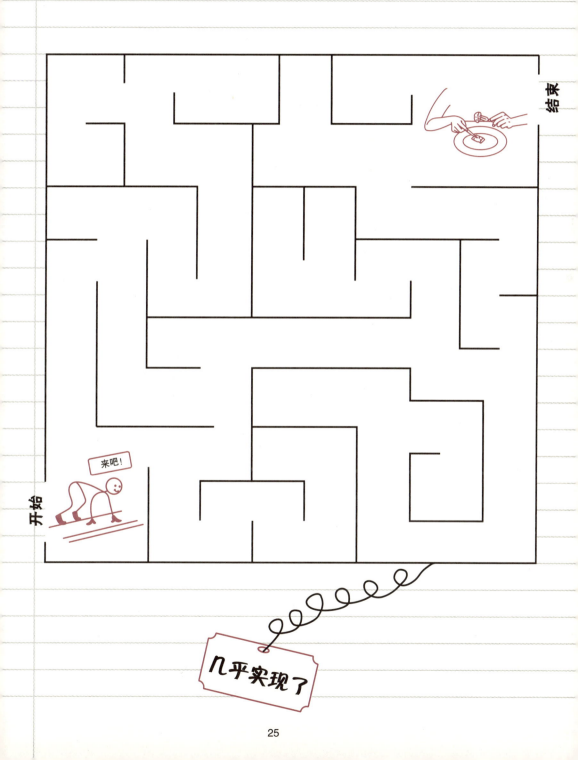

餐桌布置游戏

今晚，请你帮助妈妈或爸爸来布置餐桌。给下面的图片涂色，并用它作为你的指导图。

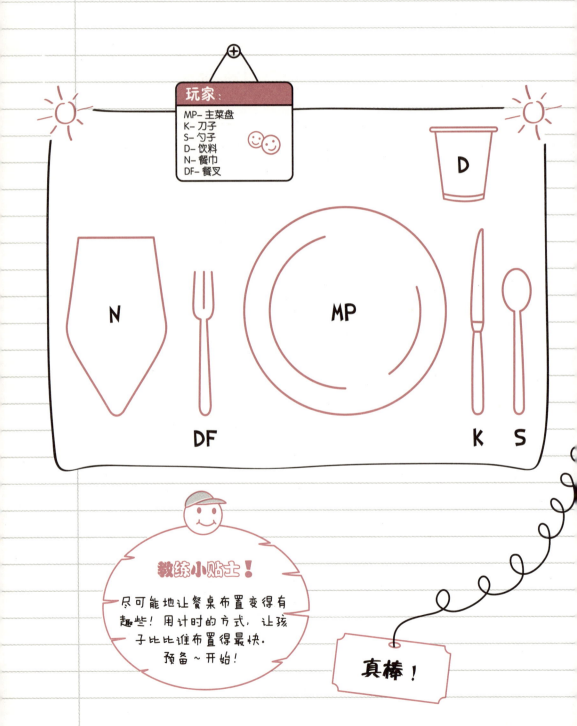

玩家：

MP– 主菜盘
K– 刀子
S– 勺子
D– 饮料
N– 餐巾
DF– 餐叉

教练小贴士！

尽可能地让餐桌布置变得有趣些！用计时的方式，让孩子比比谁布置得最快。
预备~开始！

真棒！

分享就餐趣事

咚咚咚！
—是谁呀？
盘子．
—盘子是谁？
盘子是我，你是谁？

真有趣！

教练小贴士！

记得经常让孩子练习用餐具吃饭．小孩子们的精细运动能力还在发育，所以不要对他们握刀叉和拿汤勺的姿势有过高期望哦．

你的盘子里有什么

给餐盘涂色，并画上美味的食物。然后用连线的方式把餐具放置到正确的位置，完成拼图。

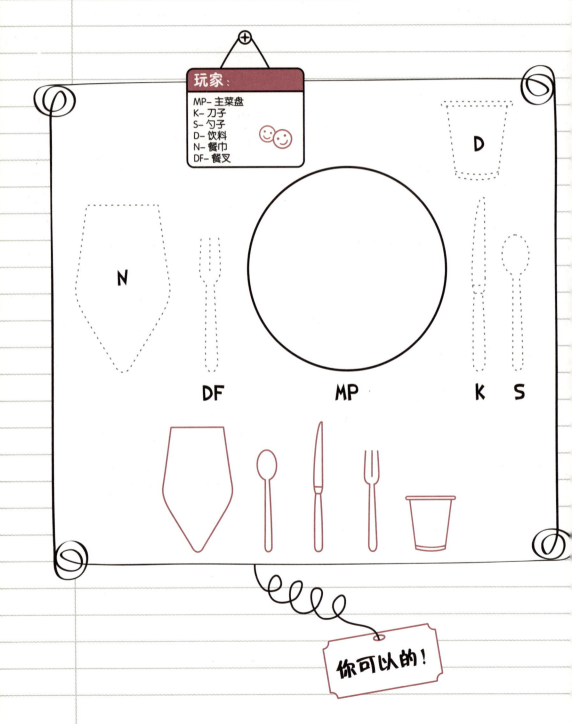

玩具不能放在餐桌上

圈出吃饭时餐桌上不需要用到的物品。

教练小贴士！

提醒孩子，吃饭时玩具不要放在餐桌上。

好极了！

一个关于说话的智慧故事

找一位大人帮助你朗读这个故事，然后圈出魔力词语（礼貌用语）。

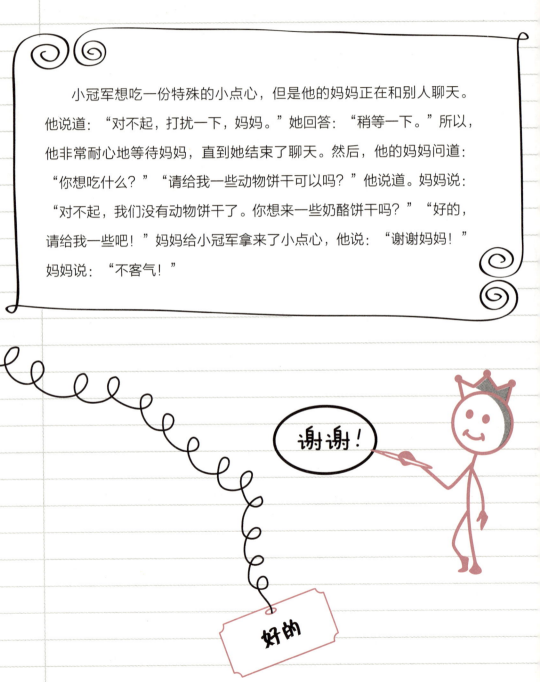

小冠军想吃一份特殊的小点心，但是他的妈妈正在和别人聊天。他说道："对不起，打扰一下，妈妈。"她回答："稍等一下。"所以，他非常耐心地等待妈妈，直到她结束了聊天。然后，他的妈妈问道："你想吃什么？""请给我一些动物饼干可以吗？"他说道。妈妈说："对不起，我们没有动物饼干了。你想来一些奶酪饼干吗？""好的，请给我一些吧！"妈妈给小冠军拿来了小点心，他说："谢谢妈妈！"妈妈说："不客气！"

谢谢！

好的

画出你的餐巾

吃饭之前，要把餐巾放在腿上，直到用餐结束。请把下图中的这些点都连起来，然后装饰你的餐巾。

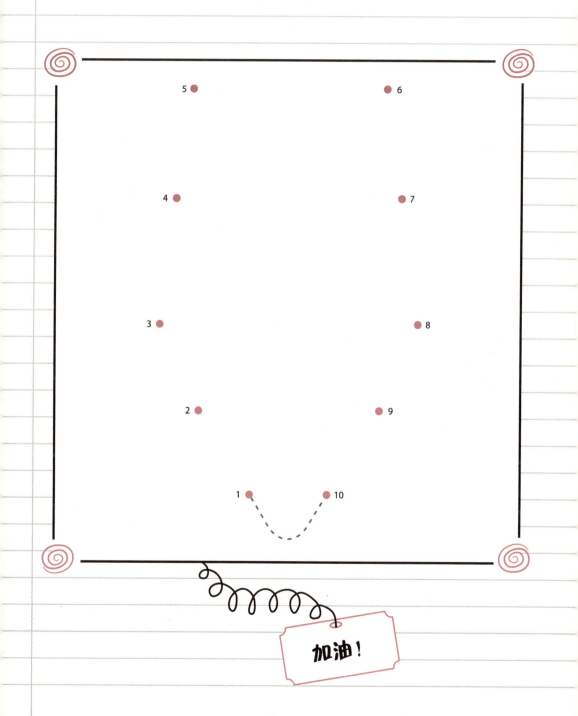

扮演餐桌上的国王或女王

装饰你的皇冠，准备好享用御膳了吗？

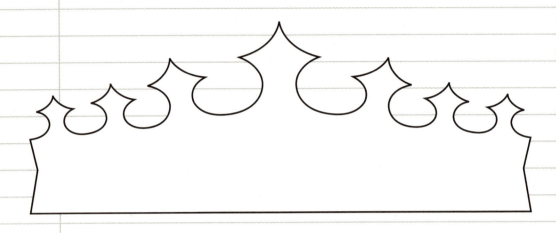

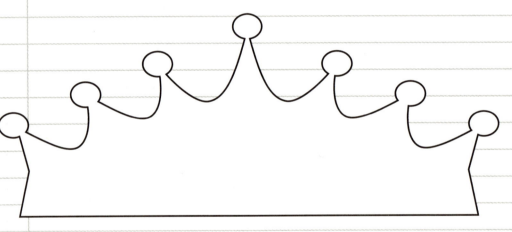

教练小贴士！

把书翻到第115页，为孩子制作一顶皇冠。准备一顿御膳，让孩子戴上皇冠。

不错！

好行为配对游戏

请把所有配对的好行为连线。

棒极了！

小冠军的智力记忆游戏

看下图一分钟，然后合上书，看看你能记得多少东西。比如，描述一下图中的就餐行为，并给予你的评价。

再来一个！

给自己做一个就餐荣誉奖章

你需要的东西：剪刀、马克笔和线。

给奖章涂色，并将它剪下来。在奖章的上端剪一个洞，找一段纱线或绳子穿过这个洞。把纱线的两端系在一起，做成一个项链。

我有
很好的
餐桌礼仪

教练小贴士！

让孩子带着奖章就餐，只有当他们表现出了有礼貌的餐桌礼仪，才能保留奖章，并获得甜品！

你做到了！

中国的餐桌礼仪

　　中国是一个传统的礼仪之邦，吃饭用餐都很有讲究，饮食礼仪也是饮食文化的重要组成部分。如果我们不懂得这些礼仪，有时就会让同桌的人感觉不舒服。比如，吃饭的时候座次该怎么安排？该如何点菜？要如何吃菜才算有礼貌？在吃饭的时候有哪些禁忌？下面我们就来一起看看中国的餐桌礼仪吧。

中国餐桌礼仪常识

　　1. 入座。如果你是主人，你应该提前到达，然后在靠门位置等待，并为来宾引座。如果你是被邀请者，那么就应听从东道主安排入座。

　　座次是"尚左尊东"、"面朝大门为尊"。若是圆桌，则正对大门的为主客。主客左右手边的位置，越靠近主客位置越尊，相同距离则左侧尊于右侧。

　　2. 点菜。一桌菜最好是有荤有素，有冷有热，尽量做到全面。在点菜时应顾忌到客人的口味，数量以人均一菜为宜，如果男士较多，可适当加量。点菜后，可以请示"我点了菜，不知道是否合几位的口味"，"要不要再来点其他的什么"，等等。

　　3. 进餐。中国人一般都很讲究吃，同时也很讲究吃相。随着职场礼仪越来越被重视，饭桌上的吃和吃相也更加讲究。

　　先请客人、长辈动筷。吃饭喝汤时声音小一些，不要打扰到同桌人。特别是有的人吃饭喜欢吧唧嘴，发出很清晰的声音来，这种做法是不礼貌的。

　　用餐时不要反复劝菜，甚至为对方夹菜。客人入席后，不要立即动手取食，而应待主人打招呼，由主人举杯示意开始时，客人才能开始。等菜肴转到自己面前时，再动筷子，不要抢在邻座前面，一次夹菜也不宜过多。要细嚼慢咽，决不能大块往嘴里塞，狼吞虎咽，这样会给人留下贪婪的印象。

　　不要挑食，或者急忙把喜欢的菜堆在自己的盘子里。用餐的动作要文雅，夹菜时不要碰到邻座，不要把盘里的菜拨到桌上，不要把汤泼翻。嘴里的骨头和鱼刺不要吐在桌子上，可用餐巾掩口，用筷子取出来放在碟子里。掉在桌子上的菜，不要再吃。

　　4. 为别人倒茶倒酒，要记得"倒茶要浅，倒酒要满"的原则。

　　5. 敬酒。主人敬主宾，陪客敬主宾，主宾回敬，陪客互敬。

6. 端茶。按照中国的传统习惯，要用双手给客人端茶的。如果客人杯子里需要添茶了，你可以示意服务生来添茶，或自己亲自来添。当然，添茶要先给长辈添茶，最后再给自己添。

7. 离席。在主人还没示意结束时，客人不能先离席。用餐结束后，要用餐巾、餐巾纸或服务员送来的小毛巾擦擦嘴。

中国餐桌礼仪禁忌

1. 尽量不要在餐桌上剔牙，影响同桌的胃口。用牙签剔牙时，应用手或餐巾掩住嘴。

2. 用筷。吃饭用筷有七忌：一忌舔筷；二忌迷筷，拿不定主意，手握筷子在餐桌上乱游寻；三忌粘筷，用粘了饭的筷子去夹菜；四忌插筷，把筷子插在饭菜上；五忌跨菜，别人夹菜时，跨过去夹另一菜；六忌掏菜，用筷子在菜中间扒弄着 吃；七忌剔筷，用筷子剔牙；八忌：玩筷子和叼着筷子来回跑。

3. 饭菜再美味，也不要一味埋头享用，而要适时地和周围的人说几句风趣又不失礼的话调节气氛。

4. 进餐时不要打嗝或是发出其他不文雅的声音。

5. 如果宴席尚未结束，但是你已经用好餐了，也不要随意离席，等主人或主宾离席再走。

6. 为别人夹菜记得"鸡不献头，鸭不献掌，鱼不献脊"。

7. 我国是一个多民族国家，很多民族有自己的饮食禁忌，要特别注意这一点，一点也不能疏忽大意，尊重他人也能为自己赢得尊重。

8. 敬酒。可以多人敬一人，但是不可一人敬多人，除非你是领导。

9. 不能把茶壶嘴对着人，这和不能用手指头指人一个道理，对着谁就是对谁的不尊重。右手拿着茶壶时，左手要按住茶壶盖，表示对他人的尊敬与自己稳重。

你是明星选手！沿虚线描线，然后给它涂色。

哇！教练，我获得了 _____ 张奖券！

（完成后，统计一下你获得了多少张彩色的奖券。）

玩出你的智慧！

游戏计划3：我会沟通和交流

目标：

通过一些小练习，你和他人的交流将会变得好玩又有趣，就像打网球一样。放松一下，开始练习"发球"。

教练，请你大声地读出下面的每个句子，然后请孩子在方框里打钩，或涂色。

玩家任务：

☐ 使用魔力词语。

☐ 观察自己的肢体语言和语气。

☐ 谈话的时候要表现得很友善和体贴。

☐ 尝试用这种方式与家人朋友交流。

游戏玩法：

1. 参与挑战。

2. 找到每页的游戏券，当你完成任务后，给游戏券涂色。

3. 如果你可以完成每个部分，你就赢了！去跟教练（大人）兑换选好的奖品。

游戏券目标：————————————————————

游戏奖品：————————————————————

魔力词语帽子

在沟通中，有一些魔力词语（礼貌用语）很重要，而且经常会用到。给这顶装满礼貌用语的帽子涂色，看看今天你能用到多少礼貌用语。

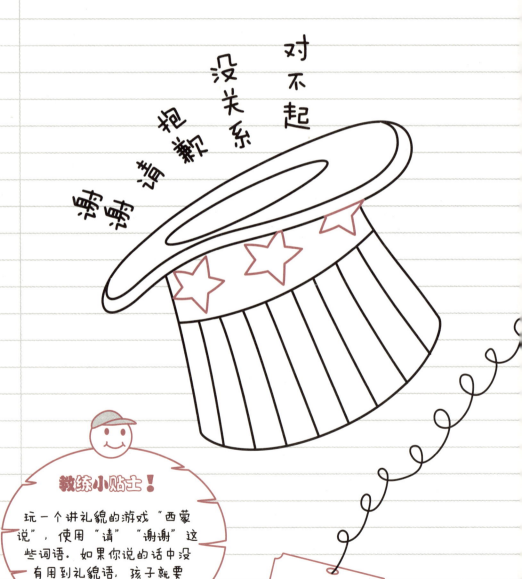

对不起

没关系

请抱歉

谢谢

教练小贴士！

玩一个讲礼貌的游戏"西蒙说"，使用"请""谢谢"这些词语。如果你说的话中没有用到礼貌语，孩子就要待在原地不能动。

开始！

说 "对不起" 的角色扮演游戏

如果你撞到了别人，你会说什么？

圈出下方的小写字母，找出答案。剩下的大写字母可以拼出一个魔力词语。

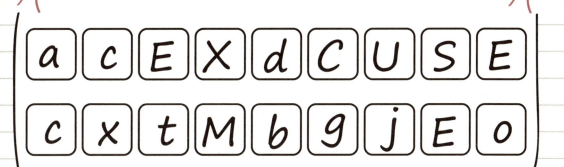

做得不错！

教练小贴士！

角色扮演是一个非常好的方式，让孩子体验如何跟别人道歉。撞一下孩子，然后向他演示如何礼貌地说 "对不起"。

表情配对游戏

注意讲话时的语气。请给下图中相同的表情配对。

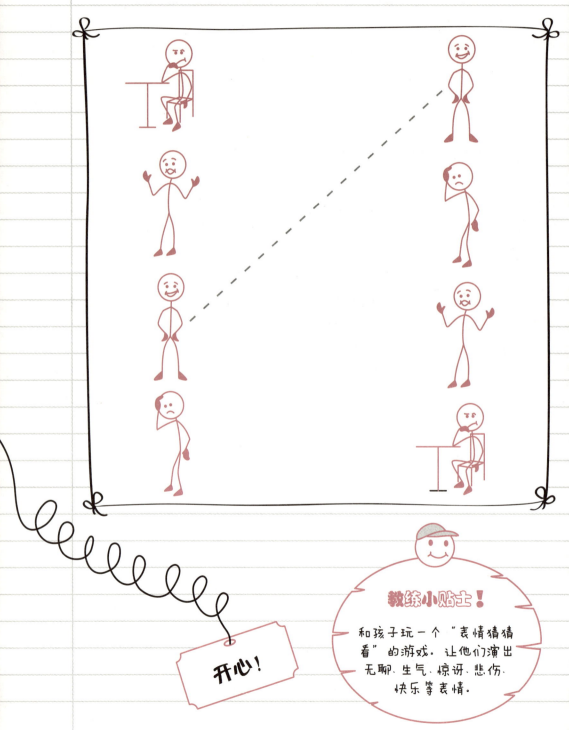

开心！

教练小贴士！

和孩子玩一个"表情猜猜看"的游戏。让他们演出无聊、生气、惊讶、悲伤、快乐等表情。

眼神交流规则 👁

和别人交流时，眼睛要一直注视对方。学习眼神交流规则：尊重、感兴趣、关心和欣赏。请给"眼神交流"这几个字涂色。

尊重
讲话时眼睛注视对方，可以赢得对方的尊重。

眼神交流

感兴趣
眼神交流可以让对方感觉你对他们谈论的内容感兴趣。

关心
眼神交流表示你关心他们谈论的内容。

欣赏
富有深意地注视对方的眼睛，表示你很认真地在听对方讲话。

答对了！

我的交流距离

一次舒服的交流需要一个舒适的环境。你的舒适区在哪儿？用一条线连接不同的小人到你觉得和他们说话时感觉舒适的距离。

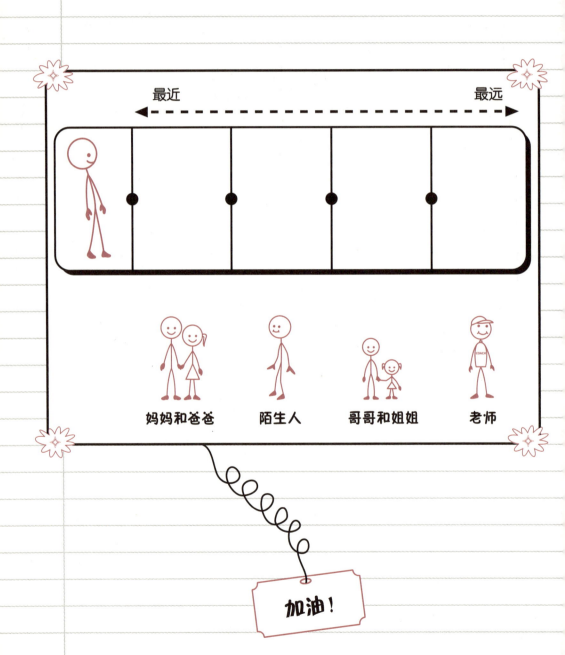

最近 ← → 最远

妈妈和爸爸　　陌生人　　哥哥和姐姐　　老师

加油！

支支吾吾地说话

有时候，当大脑在思索下一句要说的话时，嘴巴并不会停下来，会蹦出一些没有意义的单词或声音。准备好绘制你的专属奖章，不再说话支支吾吾了吗？

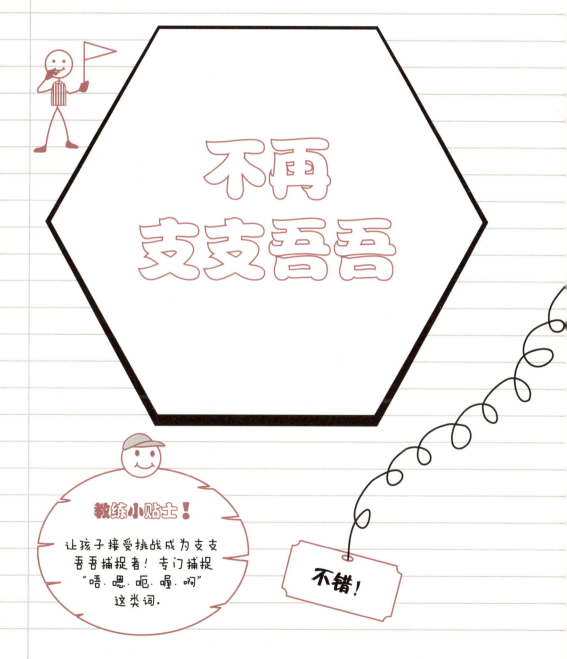

不再
支支吾吾

教练小贴士！

让孩子接受挑战成为支支吾吾捕捉者！专门捕捉"唔、嗯、呃、喔、啊"这类词。

不错！

同理心侦探游戏

同理心是能理解对方心情的能力。准备好识　　　别心情了吗？

请为图中的头像添上嘴巴，写下相应的心情。

| 高兴 ☺ | 悲伤 ☹ | 生气 😠 | 惊讶 😮 |

他感到 _____

他感到 _____

他感到 _____

他感到 _____

马上要成功了！

像打网球一样聊天

聊天就像打网球，有来有回。大家轮流说，然后倾听别人的谈话。你可以坚持自己的观点，但不要打断对方的谈话。请描出下面的圆圈，给网球涂上黄色。准备好了吗？

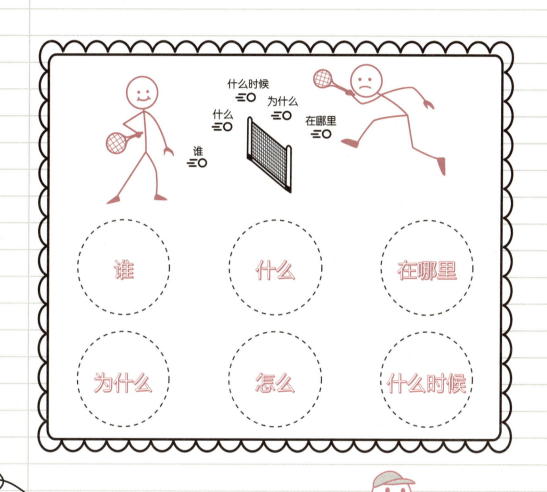

马上要成功了！

教练小贴士！

请把书翻到第 107 页，尝试亲手做一做对话卡片。以这种好玩的方式，帮助孩子练习交流技能。

大声地说

在讲话时，要说得清楚、响亮，这样可以让每一个人都听懂你说了些什么。

请描出下方手机上丢失的数字，并大声地说出这些数字。

教练小贴士！

玩一个打电话的游戏。想出一个句子，然后以说悄悄话的方式，一个人传给下一个人，看看会发生什么变化。我们需要跟孩子解释，说话要清楚，这点很重要。

聪明！

认真倾听

在与别人交流时，认真倾听，这点很重要。请根据下方的数字提示，画出一对耳朵。

干得漂亮！

轮流说话

在与人交流时，轮流说话这一点很重要，它就像一个球，有去有回。请根据字母顺序，把球来来回回的路径画出来。

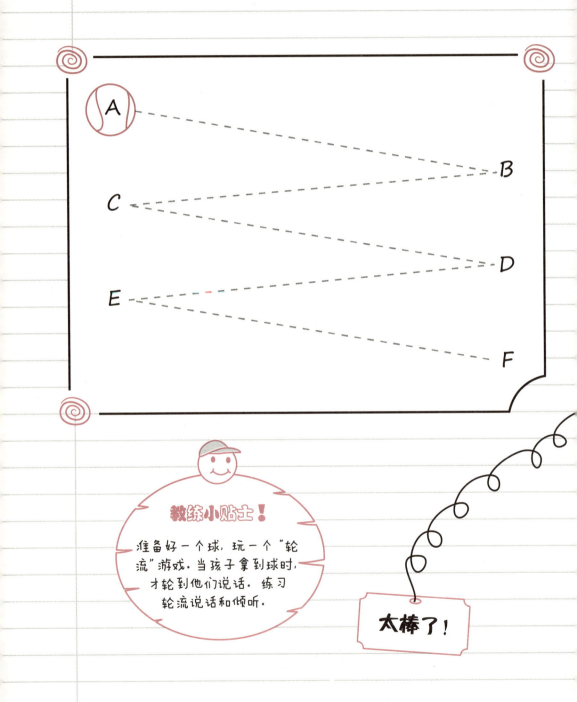

教练小贴士！

准备好一个球，玩一个"轮流"游戏。当孩子拿到球时，才轮到他们说话。练习轮流说话和倾听。

太棒了！

控制音量

　　把你的音量大小想象成体温计上的刻度。当你平静时，音量是低的；当你激动或沮丧时，音量会升高。请给这支体温计涂色：1~5 为蓝色，5~10 为红色。

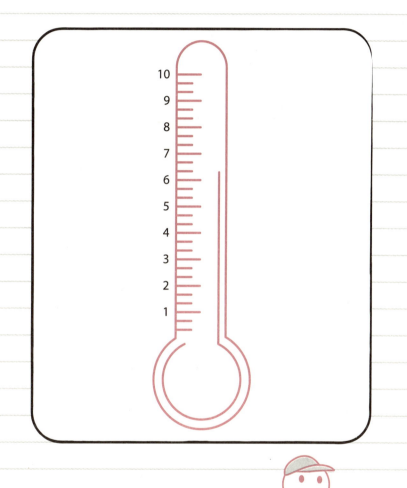

再来一个！

教练小贴士！

给孩子设计不同的场景，并且问问他们，在不同情境下我们谈话时应该如何选择，轻声说、正常说还是大声说。（比如，图书馆、校车、食堂、室外等）

魔镜！魔镜！

　　想了解对方的感受，最好的方式是观察他们的面部表情和倾听他们的语言。在镜子中画出一些令你激动的人物吧！

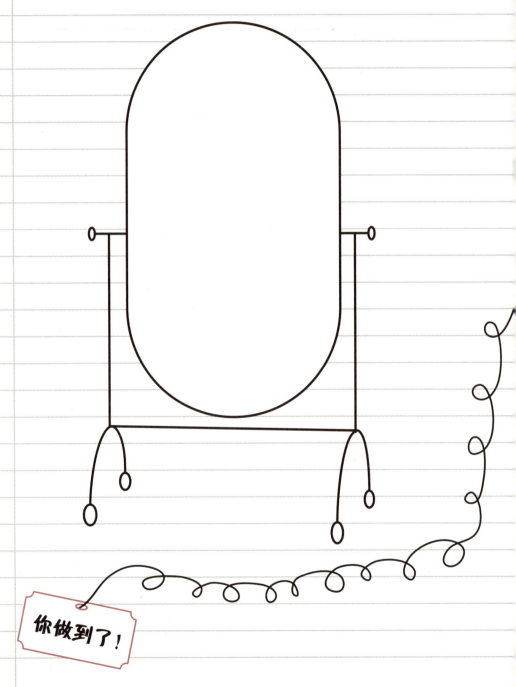

你做到了！

加油！

你是明星选手！沿虚线描线，然后给虚线区域涂色。

哇！教练，我获得了 _____ 张奖券！

（完成后，统计一下你获得了多少张彩色的奖券。）

玩出你的智慧！

游戏计划 4: 我有好习惯

目标：

在餐厅就餐时，我们要向他人表现出亲切和体贴。

教练，请你大声地读出每个句子，然后让孩子在方框里打钩，或涂色。

玩家任务：

- ☐ 在外就餐时要讲礼仪
- ☐ 出去就餐要穿着得体
- ☐ 在餐厅里，要对每个人都表现出亲切和体贴
- ☐ 对特别的就餐表示感激

游戏玩法：

1. 参与挑战。
2. 找到每页的游戏券，在完成任务后，给游戏券涂色。
3. 如果可以完成每个部分，你就赢了！找教练（大人）兑换选好的
   奖励。

游戏券目标：_____

游戏奖品：_____

穿衣技巧

你的穿衣风格代表了你的态度，也会影响别人对你的看法。下图中的人要去一个高级餐厅就餐，他应该穿什么衣服呢？请通过连线，帮他打扮一下吧！

干得好！

漂亮的衣柜

请给这个漂亮的衣柜涂色。

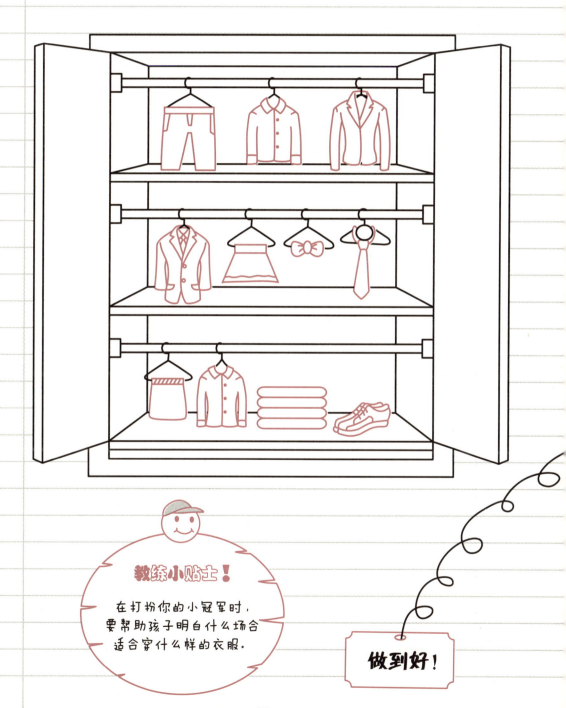

教练小贴士！

在打扮你的小冠军时，
要帮助孩子明白什么场合
适合穿什么样的衣服。

做到好！

搭配衣服的游戏

连线，请把相同的衣服连起来！

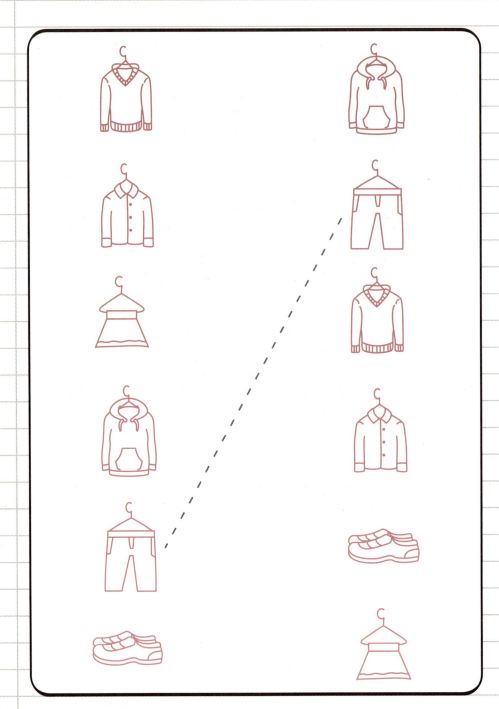

参加聚餐的迷宫游戏

下图中的小人已经穿戴整齐，准备和家人参加一个特别聚餐，请帮他找到正确的路。

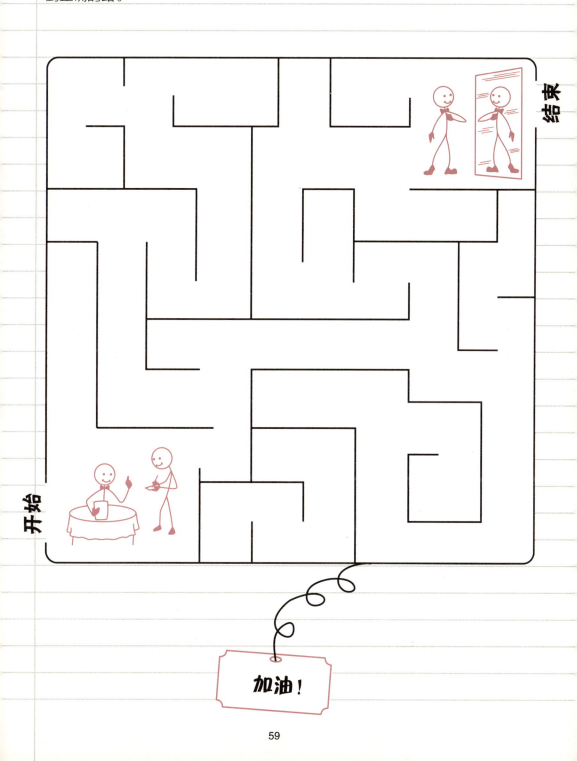

加油！

59

寻找可以用手拿着吃的食物

某些食物吃起来比其他食物要更具挑战性。有一些食物，我们是可以用手拿着吃的，请把可以用手吃的食物圈出来。

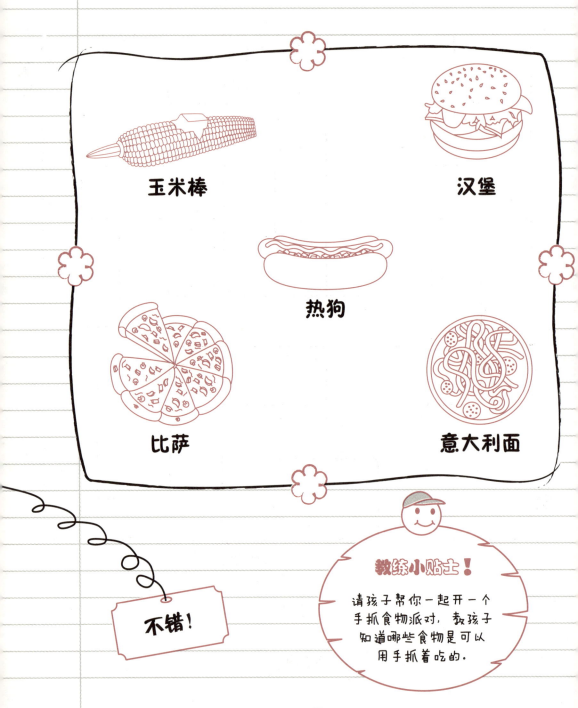

玉米棒

汉堡

热狗

比萨

意大利面

不错！

教练小贴士！

请孩子帮你一起开一个手抓食物派对，教孩子知道哪些食物是可以用手抓着吃的。

我最喜爱的食物

出去吃饭总是一种享受。有这样一顿特别的饭，我们要懂得感激。准备好把你最喜爱的食物画在盘子上了吗？

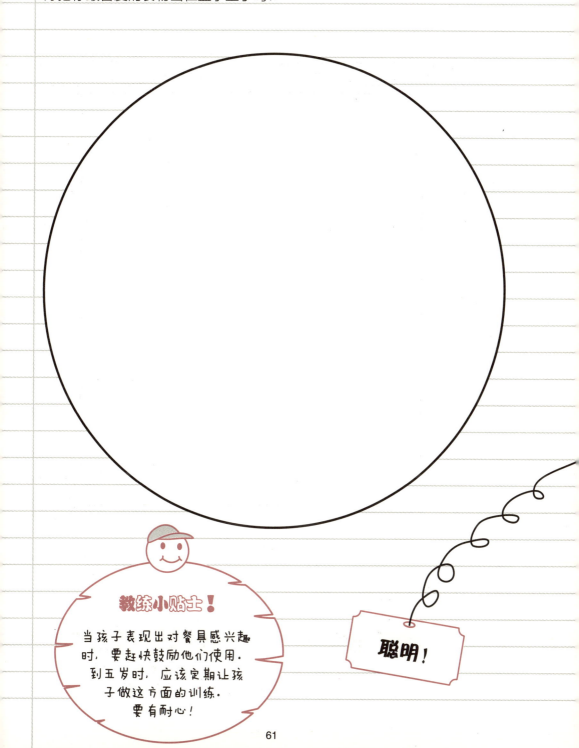

教练小贴士！

当孩子表现出对餐具感兴趣时，要赶快鼓励他们使用。到五岁时，应该定期让孩子做这方面的训练。要有耐心！

聪明！

画一张晚餐菜单

在餐厅，菜单上的食物会被分到不同的门类中。点菜通常会从一盘开胃菜或开胃小吃开始，然后是主菜，最后是美味的甜品。请画一张晚餐菜单。

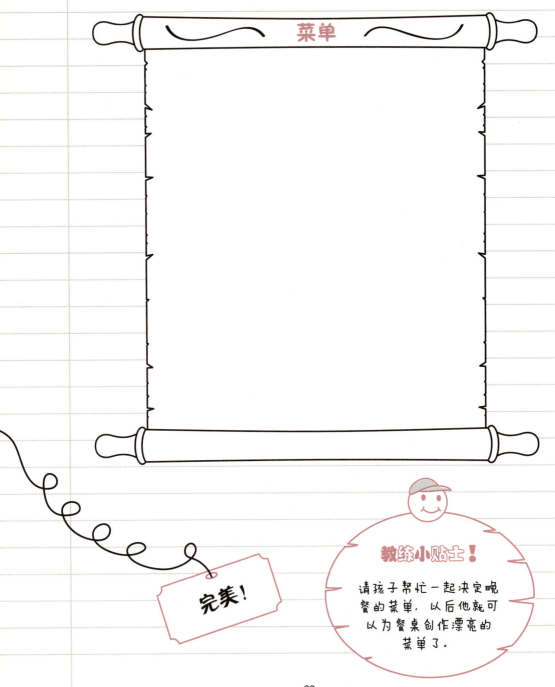

菜单

完美！

教练小贴士！

请孩子帮忙一起决定晚餐的菜单，以后他就可以为餐桌创作漂亮的菜单了。

如何点餐

在点餐时，要想好吃些什么，并清楚地使用礼貌语说出来！请给图片涂色，然后在点菜的过程中，加入一点小小的魔法——用上"请"和"谢谢你"这些礼貌语！

讲一个关于就餐的笑话

问题：服务员最爱什么运动？

回答：打网球，因为他们发球（在英语中，serve 这个词既指发球，亦指服务）很厉害！

注：请对餐厅的工作人员和坐在你周围就餐的人表示尊重和礼貌。

你可以做到的！

一次特别的约会

朗读下面的每个句子，圈出与它匹配的图片。

1. 小冠军早上醒来很开心，因为他记得今天和妈妈有一个特别的约会。

2. 小冠军和妈妈要去一个非常高级的餐厅。

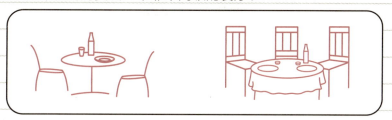

3. 小冠军穿了很漂亮的衣服。

4. 小冠军在参加就餐时，行为举止都很礼貌。

5. 小冠军非常高兴！

你是明星选手！沿下面图中的虚线描线，然后给它涂色。

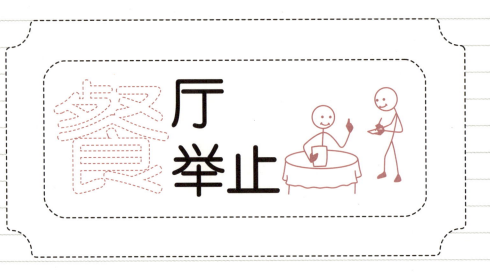

哇！教练，我获得了 _____ 张奖券！

（完成后，统计一下你获得了多少张彩色的奖券。）

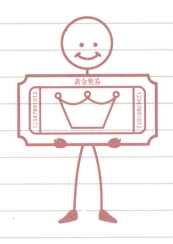

玩出你的智慧！

游戏计划 5：我会正确使用电子产品

目标：

成为一名伟大的电子公民！我们需要安全，受尊重，还要记住，没有电子产品也能享受生活。

教练，请你大声地读出每个句子，然后让孩子在方框里打钩，或涂色。

玩家任务：

☐ 在玩电子产品前，要征得父母的允许

☐ 尊重时间限制

☐ 使用暂停键

☐ 小心你的东西

☐ 投入到其他有趣的活动中

游戏玩法：

1. 参与挑战。

2. 找到每页的游戏券，在完成任务后，给游戏券涂色。

3. 如果可以完成每个部分，你就赢了！找教练（大人）兑换选好的奖励。

 游戏券目标：_____

游戏奖品：_____

电脑安全钥匙

你的父母和老师会告诉你哪些网站是有教育价值、安全和有趣的！请给下图中巨大的电脑安全钥匙涂色。

做一名优秀的电子公民

请在下面的框框里画一幅自画像。

我承诺做一名优秀的电子公民！

干得好！

69

调低音量

你也许喜欢播放自己喜欢的视频，但是要记得分清场合。在公共场合，请调低音量。请按照字母分别给下图中的这些小方块涂色。A 用蓝色，B 用红色。

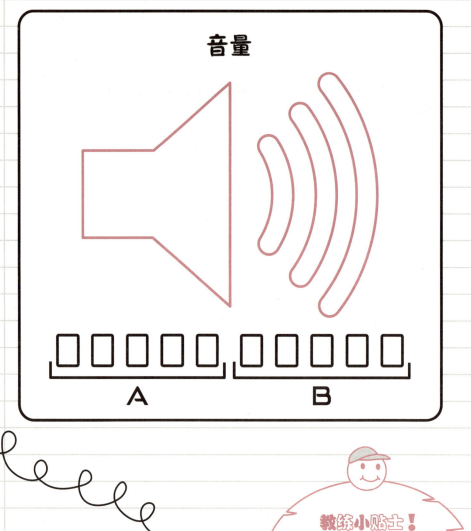

太棒了！

教练小贴士！

跟孩子说明，在不同的场合，要使用合适的音量（房间里、火车上、公园里等）。

请按下暂停键

当别人想跟你谈话的时候，或一位初次见面的人走进你的房间，无论你是在玩游戏、看电视或听音乐，请按下电子产品的暂停键。请圈出下面图中正确使用电子产品的方式，然后给暂停键涂色。

懂电子产品的侦探

当你在使用电子产品时，有两个重要的词要记住。划去下图中的小写字母，就可以找到答案，保留下来的字母将为你拼出神奇的单词。

S c a A b F v h E　（安全）

和

R a E i S P E a C O T　（尊重）

不错！

教练小贴士！

玩一个"无电子设备区"游戏。在家庭聚会时，找一个篮子，请客人和家庭成员们把自己的电子设备都放进篮子里。

找到正确使用电子产品的方式

暂停

结束

平衡

尊重

安全

开始

你可以做到的!

我爱科技

请在平板电脑上画出你最爱的游戏或电视节目。

教练小贴士！

在孩子使用的电子设备上设置家长控制和时间限定。

干得好！

哪些不是电子产品

请把这一组中不属于电子产品的物品圈出来。

几乎快成功了！

保护好你的电子产品

请找一个安全的地方存放你的电子设备。

请用线把需要存放在安全位置的物品与安全箱连起来。

几乎快成功了！

一个关于电子产品的笑话

今天限制一下自己使用电子产品，与某人分享一个笑话，给他带去微笑。请给下面的图片涂色。

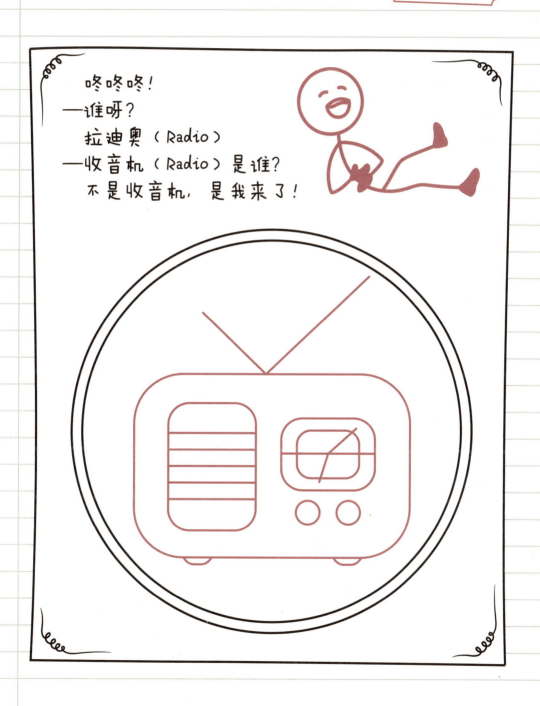

平衡你的时间

　　电子产品可以带来很多欢乐，但是请努力平衡你的时间。不要忘了阅读、去外面走走、发挥想象力，以及享受真正的运动和大自然。准备好发挥你的想象力了吗？画出你最喜欢的户外运动或活动。

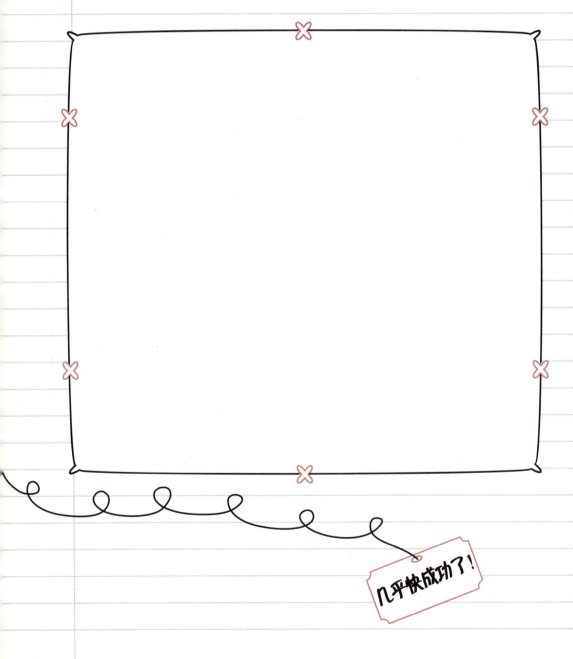

几乎快成功了！

你是明星选手！沿虚线描线，然后给它涂色。

哇！教练，我获得了 ＿＿＿＿＿＿ 张奖券！

（完成后，统计一下你获得了多少张彩色的奖券。）

玩出你的智慧！

额外奖励：家庭游戏时间

准备好就开始吧！

做一个懂礼貌的木偶

你需要：雪糕棒、剪刀、马克笔和胶水、颜料。剪下脸部、胳膊和腿。

用胶水把各个部分粘贴在雪糕棒上。用做好的"懂礼貌的木偶"玩角色扮演，

请选取那些很注重礼貌的场合。举个例子，如何使用词语"请"和"谢谢"？

答案是：在分享玩具或别人给予赞美的时候，等等。

一个益智的投骰子游戏

你需要：剪刀、马克笔和胶水。

　　每一个面都装饰一下。请家长帮助你剪出这个骰子，并用胶水粘在一起，然后玩一个益智的投骰子游戏。投骰子，看哪个字母正面朝上。根据对应的字母，想出一个以这个字母为首字母的好行为或社交技能。

S

M A R

T

你选择的
字母

益智的就餐任务

在就餐时，说出你的"智能版"任务（见下图），让孩子完成所有的挑战。

所有的获胜者都可以获得一份甜品。

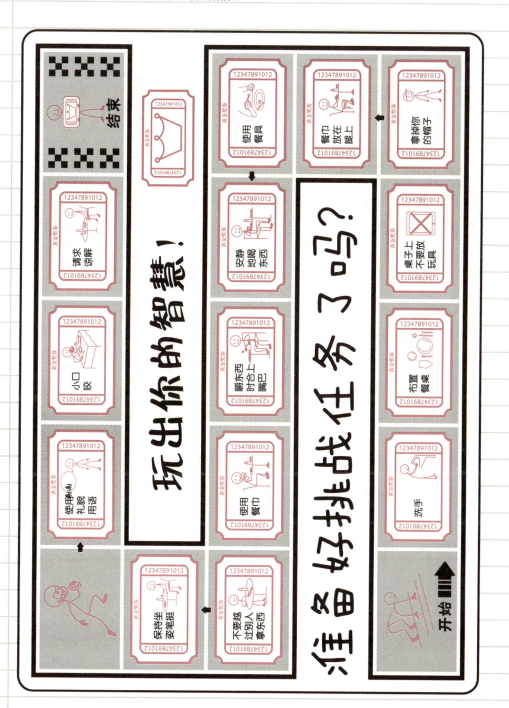

谁在你的感谢名单上

请父母帮忙写下所有你要感谢的人或事，然后画一张感谢画送给他们。

我想要感谢……

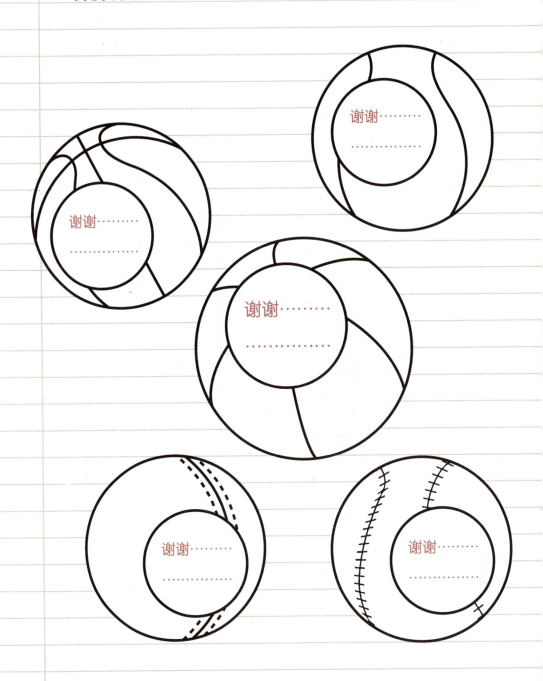

谢谢……

谢谢……

谢谢……

谢谢……

谢谢……

礼貌行为猜猜猜

　　把下面的礼仪卡片剪下来。在就餐刚开始的时候，分发卡片。这是你的餐桌礼仪任务，不要告诉任何人你的卡片上写有什么。在就餐结束后，根据就餐行为猜猜卡片在谁那里。

根据下方奖券上的任务指示来完成挑战。每完成一个任务，就在奖券上做一个记号。

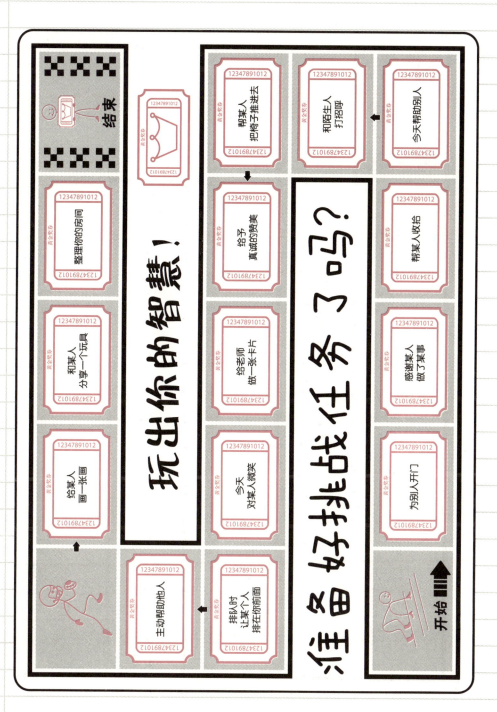

玩出你的智慧！

准备好挑战任务了吗？

结束

开始

黄金奖券 12347891012 帮某人把椅子推进去

黄金奖券 12347891012 和陌生人打招呼

黄金奖券 12347891012 今天帮助别人

黄金奖券 12347891012 给予真诚的赞美

黄金奖券 12347891012 帮某人收拾

黄金奖券 12347891012 给老师做一张卡片

黄金奖券 12347891012 感谢某人做了某事

黄金奖券 12347891012 今天对某人微笑

黄金奖券 12347891012 为别人开门

黄金奖券 12347891012 整理你的房间

黄金奖券 12347891012 和某人分享一个玩具

黄金奖券 12347891012 给某人画一张画

黄金奖券 12347891012 主动帮助他人

黄金奖券 12347891012 排队时让某个人排在你的前面

黄金奖券 12347891012

交流的艺术任务

　　根据下方奖券上的任务指示来完成挑战。每完成一任务，就在奖券上做一个记号。

一个 "对不对" 的游戏

你来判断下面的情况对不对！请把这些卡片剪下来，和家人一起玩个游戏！

你的朋友刚刚被绊倒了，你嘲笑了她。

回答：不对。你的朋友可能已经有一点尴尬了。请不要让她感觉更糟。

妈妈提着很多购物袋走路，你忽视了她，继续玩游戏。

回答：不对。请每次都按下暂停键，去帮助妈妈。

你刚拿到了一个朋友给你的礼物，但是家里有一个一模一样的，你没有告诉她，并且感谢她给了你一个很棒的礼物。

回答：对。是的，当收到礼物时，总是要说些感谢的话。

你很着急要走出门去，但意识到身后有人，你决定帮助他们开门，并请他们先走。

回答：对。为别人开门是一种礼貌的行为。

你的朋友跟你说"你好"，你也微笑着说"你好"。

回答：对。总是微笑说你好。

你去朋友的家中，然后开始在她家的沙发上蹦跳。

回答：不对。一个懂礼貌的客人，应该尊重主人的规矩，不应该在别人家的家具上蹦跳。

因为没有在足球比赛中进球，你很沮丧，你拿起球，把它扔了。

回答：不对。要时刻表现出良好的运动精神。

奶奶给了你一个非常棒的礼物，你决定给她认真地写一封感谢信。

回答：对。用一封感谢信礼貌地感谢对方。

你一边跟你妈妈说学校发生的事情，一边玩你的平板电脑。

回答：不对。请把平板电脑放到一边，和妈妈面对面交谈。

朋友刚刚拿着礼物来参加你的派对。你接过礼物，跟她点了一下头。

回答：不对。要记得经常说"谢谢"。

弟弟为弄坏了你的新游戏机向你道歉，你回答道："没事，我原谅你了。"

回答：对。要宽容地原谅别人。

你在过道上撞到了别人，让她摔倒了。你大喊："嗨，走路要看着路！"

回答：不对。要记得说"对不起"。

简第一次遇见乔。她面带微笑，站得笔直，介绍自己。

回答：对。记得面带微笑地介绍自己。

尼奇一边和安妮讲话，一边低头看着自己的脚。

回答：不对。要记得眼神交流，讲话的时候要看着对方。

珊迪在和朋友分享一个故事。她说："嗯，呃，简想要，你知道，分享一个，比如，和同学分享一个故事。我要说的是……"

回答：不对。请记得不要支支吾吾。避免使用没有意义的词语。

你在跟一大群孩子讲话。约翰在聊足球，吉尔不明白足球的规则。她感觉被冷落了。你试着把她拉回到谈话中。

回答：对。记得总是要让他人感觉舒服。

你想要再来一些饼干，说："我要多一些饼干。"

回答：不对。记得要礼貌地询问："可以再给我一些饼干吗？"

你张着嘴大嚼。

回答：不对。小口咬，合上嘴吃东西。

吃饭的时候，你把胳膊肘搁在桌子上休息。

回答：不对。吃饭的时候，千万不要把胳膊肘放在桌子上。

你用餐巾擦嘴。

回答：对。请用餐巾擦嘴，千万不要用袖子擦。

你吃饭的时候发出了巨大的声响。

回答：不对。没有人愿意听你的咕噜咕噜喝汤的声音，或是打饱嗝的声音。

你很无聊，想在餐桌上边吃边玩玩具。

回答：不对。请不要在餐桌上放玩具。

你喜欢用手抓着吃饭。

回答：不对。请用刀叉或汤勺来吃东西。只有在吃需要用手抓的食物时，才可以用手抓着吃。

你打算把你的平板电脑丢在地板上，而不是把它放到安全的地方。

回答：不对。请保管好你的电子产品，把它们放在安全的地方使用或存放起来。

99

快问快答游戏

和新认识的朋友玩一组这样的对话，会很有趣。玩一个"你愿意……"的快问快答练习，记得问"为什么"。

喜欢当太阳还是云朵？

喜欢当狗还是猫？

喜欢在沙滩上玩还是公园里玩？

喜欢喝水还是牛奶？

喜欢看电视还是玩电子游戏？

喜欢吃冰淇淋还是蛋糕？

喜欢玩雪还是在雨中玩水？

喜欢懂礼貌的小狗还是疯狂的猴子？

喜欢送礼还是收礼？

魔力词语卡

把这些卡片剪下来，将卡片翻转，这样就看不见它们了，然后任意拿起一张，用卡片上的词造一个句子。

谢谢

请

对不起

我可以要……吗

打扰一下

您先请

表情猜猜看

　　把这些卡片剪下来，然后将它们翻过去，这样你就看不到上面的图文了。翻转其中任意一张卡片，你来扮演一种小动物，并模仿卡片上的表情。举个例子，你可以扮演一只高兴的小狗。

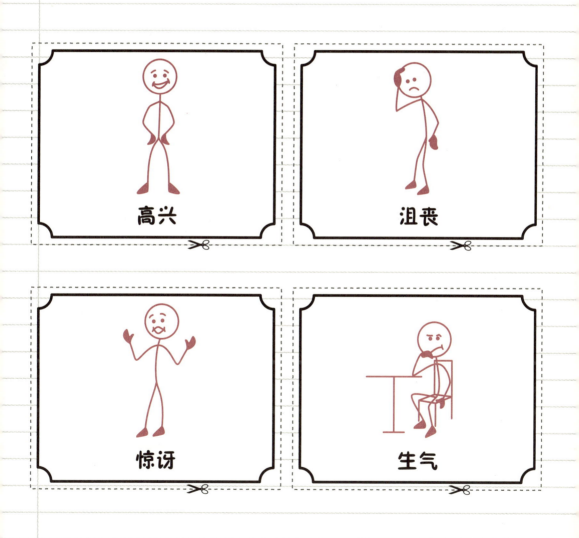

高兴

沮丧

惊讶

生气

自制对话卡

让家庭对话活跃起来！把这些卡片剪下来，制作一个家庭对话瓶。一个人抽取一张卡片，每个人可以回答同一个问题，或者回答不同的问题。这个游戏可以让你学会倾听和轮流说话。

一年四季
你最喜欢哪个季节？为什么？你知道一件关于这个季节的有趣的事吗？给这个季节的家庭活动取个名字。

最喜欢的运动
你最喜爱的运动是什么？谁是你最喜欢的运动员？你最喜欢哪个队？有没有发生一件有趣的事？

计划一个梦想的旅行
你梦寐以求的旅行地是哪儿？谁会跟你一起去？你想做些什么？为什么？关于你的选择，有没有一件趣事？

最喜欢的糖果
你喜欢吃什么种类的糖果？如果你每天吃很多糖果，会发生什么后果？

锻炼身体很重要
我们为什么要锻炼？锻炼有哪些形式？每周我们该锻炼几次？你最喜欢哪一类锻炼？你最不喜欢的锻炼方式是什么？

超能力
如果你能有一种超能力的话，你会选哪个？为什么？

动物
如果你能成为一种动物，你会是什么动物？为什么？

你最喜欢的事情
有什么东西是你离不开的？为什么？

成名10秒钟
如果你有10秒钟被全世界关注，你想要说些什么？为什么？

最好的节日
你喜欢庆祝的节日是哪个？为什么？

关于你的有趣的事
说出三件关于你的有趣的事。

给一个班上一天课
如果你需要给一个班级上一天课，你会选择教什么科目？你会怎么教？

制作你自己的卡片

笑话罐子

来，笑一笑！把卡片剪出来，放在罐子里，然后在空白卡片中加入新内容。这个可以让你和小伙伴们快乐地玩上好几个小时，小冠军们的脸上也会挂上笑容。

问：你能以最快速度把冰变成水吗？
答：把"冰"字去掉两点，就成了"水"。

问：你能做，我能做，大家都做；一个人能做，两个人不能一起做。这是做什么？
答：做梦。

问：有一个字，人人见了都会念错。这是什么字？
答："错"字。

问：用哪只手写字更好？
答：都不用，最好用笔写字！

问：会打篮球的猪叫什么？
答：球霸！

问：一只鸡和一只鹅，放入冰箱里，鸡冻死了，鹅却活着，为什么？
答：是企鹅。

问：什么蛋打不烂，煮不熟，更不能吃？
答：考试得的零蛋。

问：什么东西不能吃？
答："东西"方向。

问：生气的顾客给了意大利服务员什么？
答：大发雷霆。

问：当哥伦布一只脚迈上新大陆后，紧接着做了什么？
答：迈上另一只脚。

问：狐狸是怎么吵架的？
答：一派胡（狐）言。

咚咚咚！
—谁呀？
谁。
—谁谁呀？
你是猫头鹰吗？
（叫声与英文 who 发音类似）

问：冬瓜、黄瓜、西瓜、南瓜都能吃，什么瓜不能吃？
答：傻瓜。

咚咚咚！
—谁呀？
怪人
—谁是怪人（kook）？
不要叫我布谷鸟（cuckoo）。

问：什么东西有脚却不能走路？
答：桌子和椅子

咚咚咚！
—谁呀？
冰激凌。
—谁是冰激凌？
如果你不让我进来，我就把你变冰激凌。

制作自己的皇冠

你需要：剪刀、蜡笔和胶带。

先给皇冠涂上颜色，再把皇冠剪下来，把每一片粘到一起，根据头的大小进行调整。

推荐给父母和小冠军一起阅读的书籍

- 《会说请的企鹅》：迈克尔·达尔
- 《我的礼仪问题》：帕特·托马斯
- 《礼貌》：阿力奇
- 《我可以吃块饼干吗？》：詹妮弗·莫里斯
- 《餐桌礼仪》：卡丽·芬恩
- 《餐厅礼仪》：曼卡多·敏
- 《猫咪觅食记》：莫顿格·罗夫
- 《手不是用来打架的》：玛蒂娜·阿加西
- 《己所不欲勿施于人》：劳莉·凯勒
- 《这是我的》：里欧·李奥尼
- 《大红狗克里夫的生日聚会》：诺曼·布莱德维尔
- 《我的嘴巴是火山》：茱莉亚·库克
- 《贝贝熊要诚实》：斯坦·博丹和简·博丹
- 《塔特林家的玛德琳》卡罗尔·卡明斯
- 《伙计，这很粗鲁》：帕米拉·埃斯普兰德
- 《多么友好》：玛丽·莫非
- 《善良是很酷的，勒夫人》：马格丽·凯勒
- 《很棒的感谢书》：达拉斯·克莱顿
- 《说谢谢的熊》：迈克尔·达尔
- 《爱插嘴的小鸡》：大卫·伊斯拉·斯坦
- 《别让鸽子开巴士》：莫·威廉斯
- 《棒球大赛》：里拉·戴恩·布理莫

家长益智清单

教给孩子这些重要的生活技能，以身作则并在日常生活中经常练习，同时也可以提醒全家人都要这么做。

- ☐ 使用"请"和"谢谢"。
- ☐ 给予真诚的道歉。
- ☐ 说"对不起"，代替什么都不说或"什么"。
- ☐ 分享你的玩具，玩游戏时要讲公平。
- ☐ 做一个礼貌的玩伴。
- ☐ 基本的问候："你好"和"再见"。
- ☐ 倾听、轮流发言。
- ☐ 待人要友善和尊重。
- ☐ 助人为乐和富有同理心。
- ☐ 控制音量。
- ☐ 不记仇，学会继续前进。
  - ☐ 基本的餐桌礼仪：使用餐巾、餐具，咀嚼时嘴巴要合上，桌上不放玩具，保持坐姿，感谢做饭的人，请求离开。
- ☐ 在不同的场合穿着得体。
- ☐ 外出就餐的基本礼仪。

答案

第 2 页

第 7 页

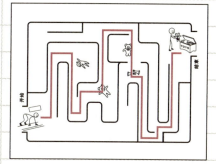

第 9 页

第 13 页

第 15 页

第 22 页

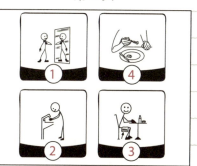

第 23 页

#6

第 24 页

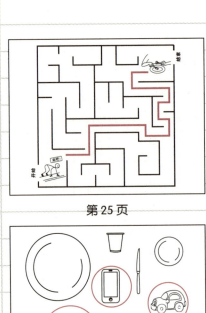

第 25 页

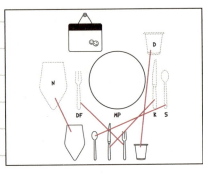

第 28 页

第 29 页

小冠军想吃一份特殊小点心，但是他的妈妈正在和别人聊天。他说道："对不起，打扰一下，妈妈。"她回答："稍等一下，"所以，他非常耐心地等待妈妈，直到她结束了聊天。然后，他的妈妈问道："你想吃什么？""请给我一些动物饼干可以吗？"他说道。妈妈说："对不起，我们没有动物饼干了。你想来一些奶酪饼干吗？""好的，请给我一些吧！"妈妈给小冠军拿来了小点心，他说："谢谢妈妈！"她说："不客气！"

第 30 页

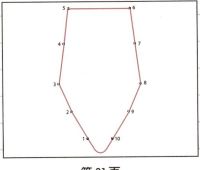

第 31 页

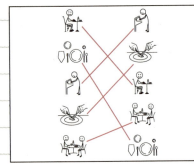

第 33 页

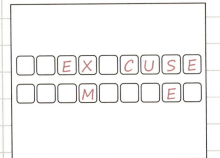

第 41 页

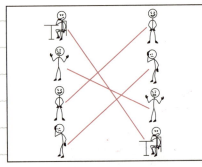

第 42 页

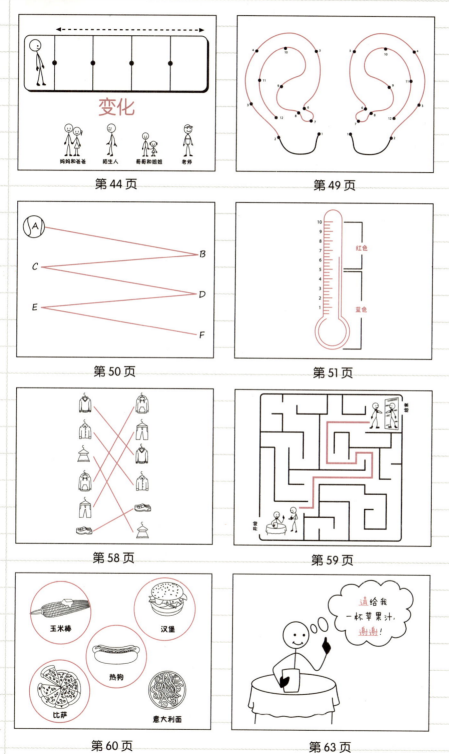

第 44 页

第 49 页

第 50 页

第 51 页

第 58 页

第 59 页

第 60 页

第 63 页

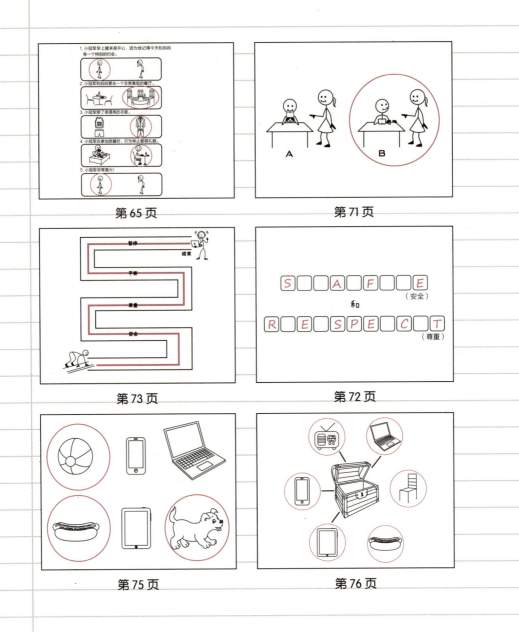

第65页

第71页

第73页

第72页

第75页

第76页